Mercurio

Lori Dittmer

CREATIVE EDUCATION
CREATIVE PAPERBACKS

semillas del saber

Publicado por Creative Education y Creative Paperbacks
P.O. Box 227, Mankato, Minnesota 56002
Creative Education y Creative Paperbacks
son marcas editoriales de The Creative Company
www.thecreativecompany.us

Diseño de Ellen Huber; producción de Joe Kahnke
Dirección de arte de Rita Marshall
Impreso en los Estados Unidos de América
Traducción de Victory Productions, www.victoryprd.com

Fotografías de Alamy (Science Photo Library), Corbis (NASA), Getty
Images (MARK GARLICK/SCIENCE PHOTO LIBRARY), iStockphoto
(FlashMyPixel, ikonacolor, m-gucci), Mary Evans Picture Library
(Barry Norman Collection), NASA (Johns Hopkins University Applied
Physics Laboratory/Carnegie Institution of Washington), Science
Source (Richard Bizley, Walter Myers, Detlev van Ravenswaay),
Shutterstock (Pavel Chagochkin, Mopic), SuperStock (Science Photo
Library)

Información del Catálogo de publicaciones de la Biblioteca
del Congreso is available under PCN 2017935803.
ISBN 978-1-60818-950-2 (library binding)

9 8 7 6 5 4 3 2 1

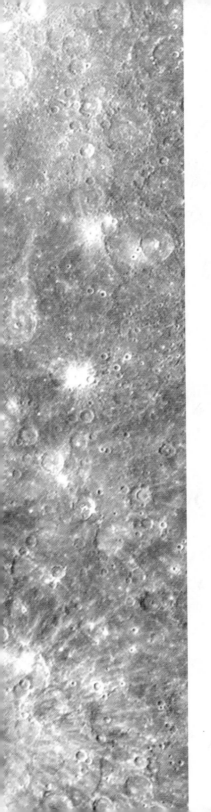

TABLA DE CONTENIDO

¡Hola, Mercurio!

Mercurio es el planeta más cercano al Sol.

Mercurio es gris y muy caliente o muy frío.

Durante el día Mercurio
es caliente. ¡Puede hacer
800 °F (427 °C)!

En las noches
hace mucho más
frío que el punto
de congelación.

Mercurio no tiene lunas. El planeta tiene marcas de cráteres. Las rocas espaciales siempre golpean a Mercurio.

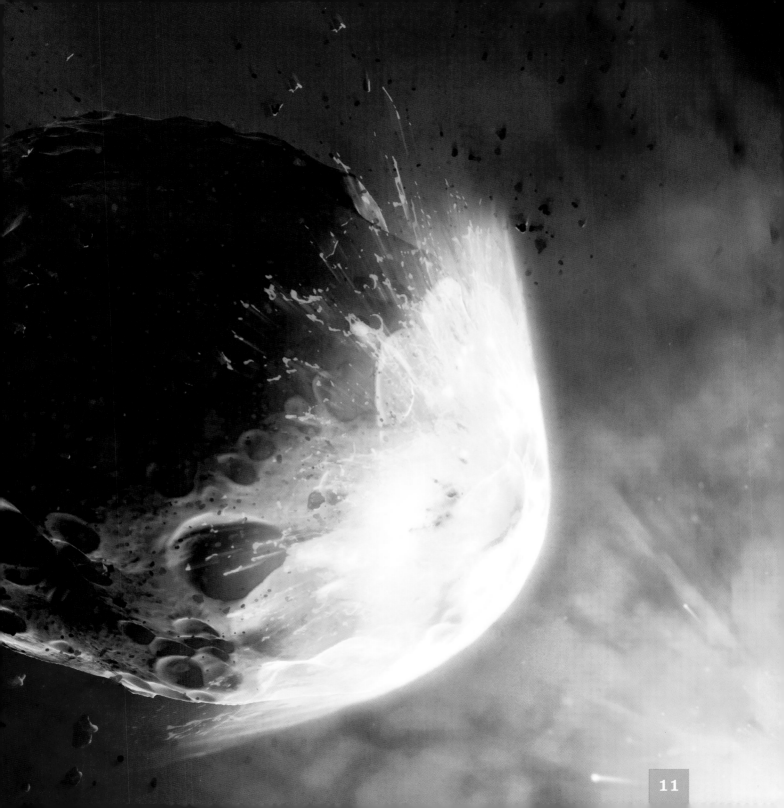

El pequeño Mercurio
es rápido. Solo tarda
88 días en hacer su
órbita alrededor del
Sol.

Los astrónomos estudian los planetas.

Ellos descubrieron a Mercurio hace miles de años. Su nombre viene de una antigua historia sobre un dios veloz. Él llevaba mensajes.

Los vientos del Sol
recorren Mercurio.
Las rocas espaciales
pasan a toda
velocidad.

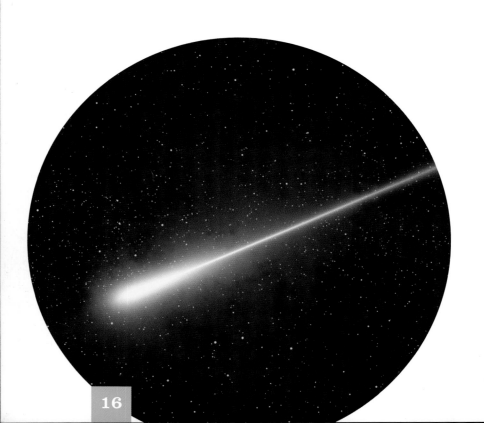

¡Adiós, Mercurio!

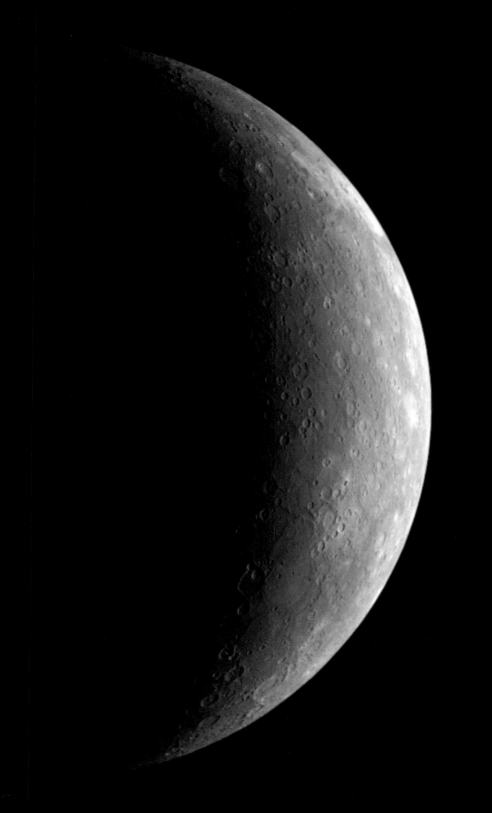

19

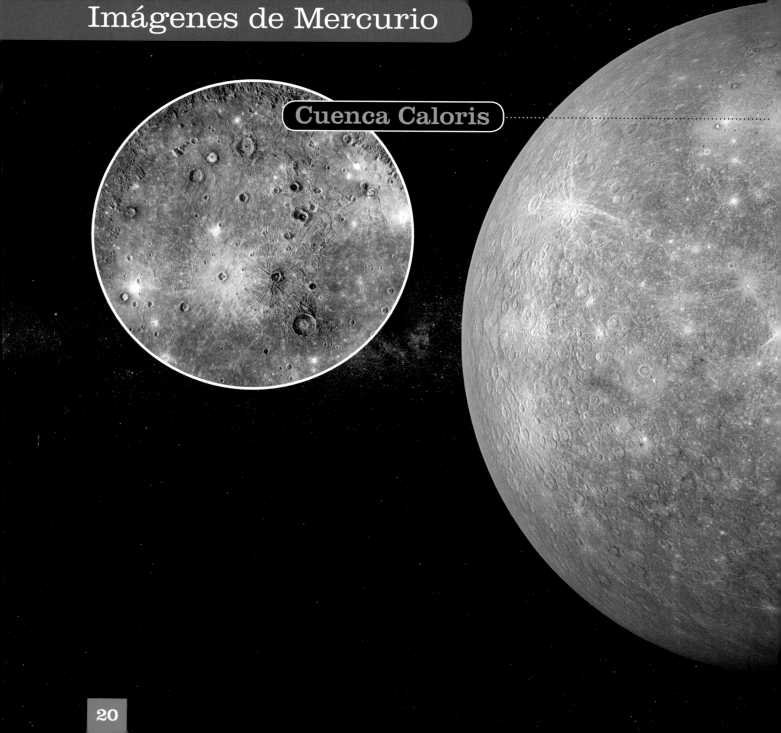

Cuenca Caloris

superficie

flujo de lava

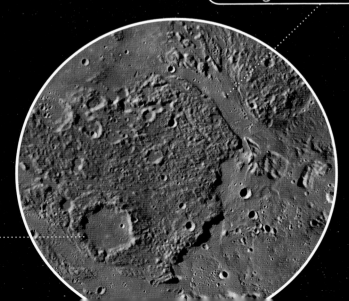

cráter

Palabras que debes saber

cráteres: hundimientos en el suelo en forma de tazón

dios: un ser que se pensaba que tenía poderes especiales y controlaba el mundo

órbita: movimiento de un planeta, una luna, u otro objeto alrededor de otra cosa en el espacio exterior

planeta: un objeto redondeado que se mueve alrededor de una estrella

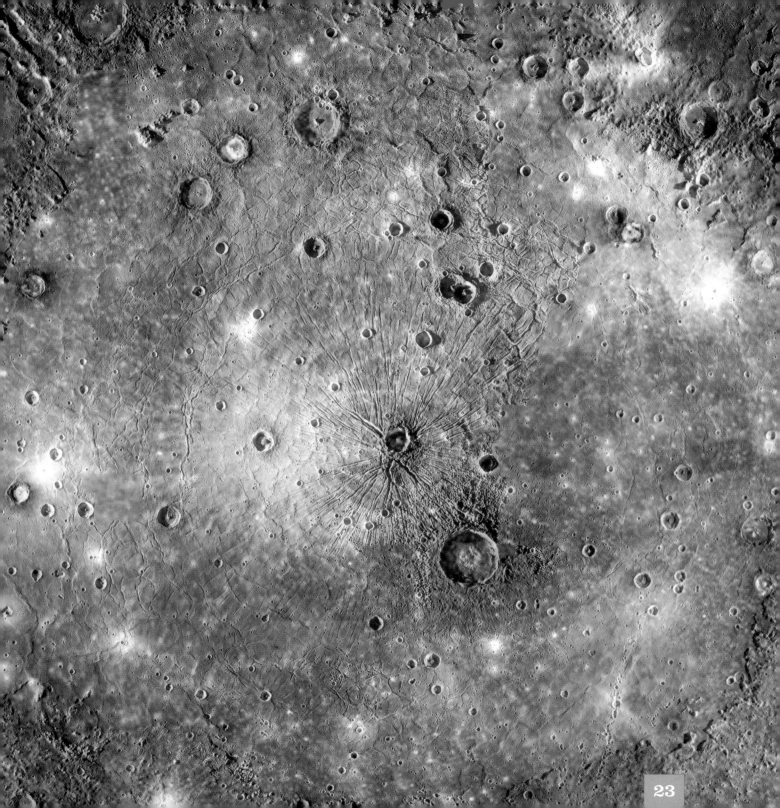

Índice